LA
RÉGENCE,

PAR

M. Fr. DE MOUISSE,

AVOCAT A LA COUR ROYALE.

Videte, ne quis vos decipiat per philosophiam et inanem fallaciam.

SAINT PAUL *ad Coloss.*

PARIS.

ANCIENNE MAISON A. DENAIX,

DEVARENNE, SUCCESSEUR,

Faubourg Saint-Honoré, 14.

1842

LA
RÉGENCE.

La révolution de 1830 fut légitime, glorieuse et pure. Mais, il faut le dire bien haut, toute révolution est une calamité publique. Celle-ci, faite au nom des lois indignement violées, que laisse-t-elle après elle? le pouvoir affaibli, et tout son prestige si nécessaire détruit; le frein des lois brisé; les mauvaises passions déchaînées; toutes les idées d'ordre perverties; tous les principes de désordre préconisés; tous les sophismes en honneur; tous les intérêts alarmés; les prétentions les plus folles érigées en droit; l'ambition souffle des discordes civiles, et l'anarchie levant audacieusement la tête.

En ce moment, un prince se rencontra, qui, cédant au vœu du peuple, saisit le sceptre d'une main ferme, rendit aux lois leur force, au pouvoir son autorité. Rien ne l'ébranla, ni les coups de fusil de l'émeute, ni le poignard des assassins, ni la rage des factions; il les vainquit et leur pardonna. Douze années s'écoulèrent dans cette lutte acharnée. La paix, l'ordre, la liberté en étaient sortis triomphants ; les partis ennemis confondus se débattaient en vain dans leur impuissance. Le présent était calme, l'avenir assuré. On voyait auprès du roi un prince accompli, qui, arrivant au trône dans la maturité de l'âge, dans la plénitude de ses rares facultés, continuerait dignement l'œuvre de son père. Et tout à coup ces brillantes espérances se sont évanouies ; une lamentable catastrophe a tranché cette vie déjà si pleine, et qui devait être si féconde et si glorieuse. Un long cri de douleur s'est élevé d'un bout de la France à l'autre, et toutes les nations se sont associées à nos inconsolables regrets. *Extinguitur, ingenti luctu provinciæ et circumjacentium populorum. Indoluêre exteræ nationes, regesque : tanta illi comitas in socios, mansuetudo in hostes ; visuque et auditu juxtà venerabilis ; quàm magnitudinem et gravitatem summæ fortunæ retineret, invidiam et adrogantiam effugerat* (1). Tacite, *Ann.*, liv. 2.

Et ce qu'il y a de plus déplorable dans une si

(1) Sa mort répandit dans la province et chez les peuples voisins un deuil universel ; les nations étrangères et les rois pleurèrent ce prince si affable pour les alliés, si doux pour les ennemis, dont la figure et les discours imprimaient une égale vénération, et qui, bannissant de la grandeur suprême l'orgueil qui la fait haïr, n'en avait conservé que la dignité qui la rend imposante.

grande infortune, c'est que ces regrets si légitimes, il faut les contenir, les enfermer dans le cœur. Il faut songer à réparer cette perte qui semble irréparable ; ce vide immense, il faut se hâter de le remplir. Il est urgent de faire une loi sur la régence.

La régence constituée, la confiance, la sécurité renaîtront-elles ? Nous l'espérons. Notre jeune dynastie a jeté de profondes racines dans ce sol si longtemps ébranlé. Elle s'appuie sur le consentement des peuples ; elle se fortifiera par leur affection, qui a éclaté si énergique et si unanime dans ces douloureuses circonstances.

Les régences étaient un temps de crise et d'agitations dans l'ancienne monarchie : elles n'offrent pas les mêmes dangers sous un gouvernement représentatif. Ici, le jeu des institutions toujours actif et non interrompu ; la haute et puissante influence de la nation toujours présente par ses mandataires ; les droits de chacun nettement établis depuis le premier jusqu'au dernier degré de l'échelle sociale ; toutes ces circonstances concourent, pour rendre impossibles les troubles, qui signalaient autrefois les minorités royales. Dans les siècles précédents, la royauté était tout, et quand elle sommeillait, l'État se trouvait livré à tous les désordres d'une société sans guides, à tous les emportements des ambitions sans frein. De nos jours, au contraire, c'est

la nation qui gouverne : le génie même, sur le trône
ne serait que son vassal ; les trois pouvoirs établis
par la constitution la représentent tous au même
degré ; forts, si elle est forte, faibles, si elle est faible, si elle s'abandonne elle-même ; mais elle ne
s'abandonnera pas.

Les sociétés ne sont jamais, pour longtemps du
moins, en état de santé parfaite. Toujours quelques
maladies les travaillent. Ces maladies sont utiles
peut-être : elles sont quelquefois un symptôme d'é-
nergie puissante. Il appartient aux hommes d'Etat
de porter sur ces maux une main prudente, de gouverner sans l'affaiblir cette force sujette aux excès.
Le plus sûr moyen d'en prévenir les écarts funestes,
c'est de ne point les craindre.

La France ne manque pas d'hommes assez éclairés pour faire sur la régence une loi sage et pré-
voyante : elle ne manquera pas d'hommes assez
fermes pour la faire exécuter, quand le moment en
sera venu. Faisons des vœux pour que ce moment
soit éloigné. Que la Providence nous conserve, longues années encore, un roi qui a déployé tant de sagesse sur le trône, et tant de magnanimité dans de si
grandes infortunes ! mais ne nous laissons point
aller à ces vagues pressentiments sur l'avenir, qui
se reflètent sur le présent et le chargent de nuages.

Avant d'aborder la question de la régence, examinons un instant quelques questions préliminaires qu'on a soulevées, on sait dans quels desseins, et qui, malgré le bruit qu'on en a fait, méritent une réfutation sérieuse.

Nous espérions que les saines idées politiques, la pratique du gouvernement représentatif, les souvenirs tout palpitants des calamités qu'elles avaient produites, avaient fait bonne justice de ces dangereuses lubies de souveraineté du peuple, de pouvoir constituant, etc. Mais les novateurs de nos jours, qui ne sont que des plagiaires arriérés, ne perdent jamais l'occasion de relever ces lambeaux vermoulus des théories de 93 : il ne faut pas s'en étonner, cette friperie est leur seule ressource.

Le pays, du reste, est suffisamment édifié sur la pureté de leurs intentions. Il faudrait pousser la crédulité jusqu'à la niaiserie pour les croire sérieusement préoccupés de l'amour des principes et de la défense des droits du peuple. Leur désir secret, leur but réel, c'est de troubler les esprits, et de prolonger une crise qu'ils croient utile à leurs desseins pervers. A travers des regrets que la conscience publique leur imposait, que leur propre conscience leur faisait bégayer, leur joie secrète s'échappait. Tout ce qui est embarras pour le pays leur plaît, leur sert; ils en sont réduits, et c'est là leur honte éternelle, à se réjouir des calamités publiques.

Qu'est-ce que le pouvoir constituant?

Dans toute société, il existe une haute puissance qui les domine toutes, dont toutes les autres dérivent; qui gouverne et n'est pas gouvernée, qui juge et n'est pas jugée. Voilà le véritable souverain, et comme tel, il est infaillible. Tout ce qu'il commande est juste, tout ce qu'il veut doit être fait. Ce pouvoir souverain a des formes diverses : mais à Londres comme à Saint-Pétersbourg, quand il a parlé, le bill est sans appel comme l'ukase. Au-dessus, au dehors de ce pouvoir, il n'y a que Dieu. Ce pouvoir vit toujours, toujours il veille, toujours il agit; le sommeil pour lui, c'est la mort.

Ce ne sont pas là de purs concepts, d'inutiles vérités spéculatives. Le bon sens les révèle, les faits viennent à l'appui. En France, ce souverain est multiple, il se compose des trois pouvoirs établis par la charte. La charte parle-t-elle du pouvoir constituant? Non : dès lors il n'existe pas, il ne peut exister.

Mais laissons un instant de côté ces principes incontestables, et mettons-nous à la recherche de ce mystérieux pouvoir constituant, laborieusement éclos de quelques cerveaux malsains.

Une chambre nouvelle serait-elle le pouvoir constituant? Mais, ici, que de difficultés insolubles surgissent, et dans quelle confusion sommes - nous jetés! D'abord, il faut dissoudre celle qui existe; et si elle est la véritable représentation du pays, ce qu'on ne peut nier, elle reviendra sans doute à peu près telle qu'elle est. Cette dissolution ne serait donc qu'un jeu puéril, très-périlleux, disons-le en passant, dans les graves circonstances où nous sommes.

Nos adversaires prétendent-ils que la chambre nouvelle émane d'une nouvelle loi électorale? Mais quel est le pouvoir investi du droit d'abroger celle qui existe, et de faire celle qu'on demande?

Nous tombons d'impossibilités en impossibilités. Mais admettons l'existence de cette nouvelle chambre. Sa mission accomplie, la loi sur la régence faite, elle devra se dissoudre, le voudra-t-elle? Une assemblée renonce mal aisément à l'autorité dont elle est saisie. Sa volonté seule pourtant peut opérer cette dissolution; car, comme pouvoir constituant, elle prime tous les autres, sa présence les anéantit, les suspend du moins; si elle ne se dissout pas, ils sont donc absorbés par elle; si elle se dissout, qui les relèvera?

Faut-il faire un appel au corps électoral? Mais en vertu de quel droit, et dans quelle forme?

En vertu du droit naturel? Mais ce prétendu droit naturel, nul ne l'a défini, ne l'a compris, ne l'a jamais appliqué. Il dort profondément dans les élucubrations nébuleuses de quelques sophistes oubliés.

Le droit, c'est la raison, et la raison est-elle dans le nombre?

Eh quoi! ces masses ignorantes et passionnées n'ont pu jamais rien produire de régulier, de raisonnable, de juste! et l'on veut qu'elles procèdent avec les lumières suffisantes à une délibération qui peut, qui doit embarrasser les hommes les plus calmes et les plus éclairés.

L'histoire et la nature témoignent ce que savent faire les masses. Elles ont toujours été l'instrument, et les dupes des ambitieux et des plus cruels ennemis de la liberté.

Les masses s'entendent à merveille à détruire. Une dissolution sociale, une révolution, voilà à quoi elles sont propres, en quoi elles excellent. Une révolution! c'est là ce que l'on veut, mais on n'ose le dire. Il y aurait peu de danger pourtant, et ce serait plus honnête que de s'appliquer, sans franchise comme sans logique, à déguiser sous des oripeaux romantiques les sophismes décrépits de la terreur.

Ces puérilités nous ont trop arrêtés. Passons à des choses plus sérieuses.

On a contesté aux trois pouvoirs établis par la charte le droit de choisir un régent : ils ne peuvent, dit-on, que faire une loi générale, organique, sur la régence. Ceci vaut mieux sans doute, et tout à l'heure nous dirons pourquoi. Mais tout en partageant l'opinion de ceux qui soutiennent l'utilité d'une loi générale, nous ne pouvons refuser au parlement et au roi le droit de déférer la régence.

Après nous être élevés contre les subtilités métaphysiques de nos adversaires, il ne faut pas tomber innocemment dans les mêmes fautes. Nous l'avons déjà dit, le pouvoir qui émane de la constitution est, comme tous les pouvoirs supérieurs, qui ne relèvent d'aucun autre, souverain et infaillible : sa volonté fait son droit. Il peut, *s'il le veut,* élire un régent, aussi bien que faire une loi sur la régence. Et ce principe, assez fort déjà de la seule autorité de la raison, de hautes considérations le confirment.

Les pouvoirs constitués dans un pays sont investis quelquefois de la solennelle mission de sauver l'État. Cette mission leur vient du ciel et du vœu des peuples. Voulez-vous qu'en ces moments suprêmes ils se livrent avec calme à de savantes et longues discussions, que l'anarchie couvre déjà de ses clameurs menaçantes ? O profonds et subtils docteurs, vous me rappelez ces Grecs de la décadence, qui, tandis que le cimeterre musulman brillait aux portes de leur capitale, s'occupaient paisiblement à discuter sur la lumière du Thabor.

Écoutez : si un affreux malheur, que l'on ose à peine envisager, nous frappait tout à coup ; si le ciel, pour combler la mesure de ses rigueurs, nous enlevait ce roi, dont le ferme courage et la rare sagesse sont encore si nécessaires à la France ; dans ces jours néfastes où le deuil de la patrie serait troublé par le terrible grondement des passions révolutionnaires ; si les chambres, en l'absence d'une loi, se hâtaient de nommer un régent, qui de vous se lèverait pour leur en contester le droit ?

Ce n'est là qu'une supposition, et nous en remercions le ciel ; elle est assez forte contre vous, pourtant.

Mais les faits abondent, des faits récents, d'une immense portée, et ils vous donnent un solennel démenti. En 1830, les deux chambres, deux membres seulement du souverain, ont fait un roi, et vous refuseriez aujourd'hui aux trois pouvoirs, au souverain complet, le droit de faire un régent !

Ce droit est donc incontestable : et c'est là ce que nous avons voulu établir. Mais, comme ceux qui le nient, nous pensons qu'il convient de n'en point user dans les circonstances, qu'il est plus utile, plus sage de régler l'avenir comme le présent. Nous le prouverons plus bas.

Quand nous avons quelque innovation à introduire dans nos lois politiques, notre attention se porte naturellement sur une nation voisine, dont les institutions, je ne dirai pas, nous ont servi de modèle, nous ne voulons point passer pour imitateurs, mais ont du moins inspiré les nôtres. Mais l'histoire de ce peuple doué si éminemment d'un esprit pratique, et dont les lois fondamentales sont rarement écrites, ne renferme aucune loi proprement dite sur la régence. Elle ne contient que des statuts, incomplets et restreints, émanant des rois ou du parlement, et limités aux cas particuliers qui leur ont donné naissance. Le premier de ces statuts est de l'année 1533, la quinzième du règne de Henri VII. Il défère le gouvernement à la mère du roi mineur. Un autre de ces statuts, de l'année 1766, autorise le roi George III à donner la régence par testament ou à la reine son épouse, ou à sa mère, ou à celui de ses descendants qu'il préfèrera. En 1788, ce même roi George III ayant été tout à coup atteint d'aliénation mentale, une lutte très-vive s'engagea dans le parlement sur la question de la régence. Ces hautes fonctions semblaient devoir appartenir de plein droit à l'héritier présomptif du trône. Mais le premier ministre, Pitt, s'opposa fortement à cette dévolution légale de la régence : il voulut et il obtint qu'elle fût déférée à ce prince par les deux chambres, avec les restrictions qu'elles jugeraient convenables. Enfin, dans ces dernières années, la rage de la célébrité ayant inspiré à quelques hommes la manie d'*effrayer* la reine, on a craint avec raison que ces maniaques n'allassent plus loin que la frayeur, et un bill a conféré, en cas de décès, la régence au prince Albert.

Nous nous bornons à ces citations qui expriment les premières idées et le dernier mot de la législation anglaise sur la régence. Toutes ces lois, on le voit, ne semblent avoir pour règle que la diversité : toutes étaient spéciales, et ne statuaient que sur des cas particuliers. Ce peuple sage, calme, jaloux de ses droits, veut rester maître de l'avenir comme de lui-même. Quels que soient les événements, il est sûr de les dominer, de maintenir ses libertés contre tout empiètement, qu'il vienne d'en haut ou d'en bas.

Nos précédents, notre caractère plus impétueux, notre initiation si récente à ce que nos voisins appellent *self-government,* ne nous permettent pas de suivre leur exemple.

Notre histoire ne nous offre non plus aucune loi fondamentale sur la régence : mais nous y voyons qu'un usage constant, presque invariable, la conférait à la mère du roi mineur. Cette coutume, nous ne savons si on l'a remarqué avant nous, venait de nos lois civiles qui, dans l'origine de la monarchie, se confondirent avec les lois politiques. Le trône étant considéré comme la propriété des rois, la régence était organisée comme une tutelle, et celle-ci appartenant à la mère, l'autre ne pouvait lui être contestée. La même observation s'applique aux conseils de régence; on les donnait aux régentes comme au tuteur, pour surveiller l'administration des *biens* du pupille.

Les premières, les seules véritables lois sur la régence datent de 89 : il en existe trois : la loi de l'assemblée constituante et deux décrets impériaux. Nous ne ferons point l'exposé des principales dispositions qu'elles renferment. Nous avons peu de goût pour cet appareil scientifique, qui consiste en une sèche nomenclature d'articles, travail aisé, mais stérile, décoré trop facilement du nom de savantes recherches.

Tous ces précédents historiques seraient, à notre avis, des guides mal sûrs. Les usages de l'ancienne monarchie, les décrets impériaux, émanent de gouvernements absolus, et n'ont par conséquent aucune valeur d'application aujourd'hui. La loi de l'assemblée constituante, faite sous un gouvernement libre, mérite seule d'être consultée; et il faut le dire, malgré la tendance républicaine du temps, elle est empreinte, dans quelques-unes de ses principales dispositions, d'un véritable esprit monarchique.

La première condition d'une loi, sa condition

vitale, c'est l'unité. Toutes ses dispositions doivent se rattacher à un principe, dont elles soient les corollaires. Ce principe unique se retrouve en germe dans tous les articles de la loi, pour les expliquer, pour leur donner un sens, pour leur prêter force et vie. Sans cette prédominance d'un principe, une loi n'est qu'un amas confus de propositions vagues, incohérentes, souvent contradictoires, et d'une application impossible.

Le principe qui doit dominer dans toute loi sur la régence réside dans l'essence même de la régence.

Qu'est-ce donc que la régence.?

La régence peut se définir : l'exercice temporaire des fonctions de la royauté. La régence est une royauté par intérim. Le régent est le suppléant du roi. Or, l'autorité qui supplée est investie des mêmes pouvoirs, est soumise aux-mêmes devoirs que l'autorité suppléée. Ses actes emportent la même force, commandent la même obéissance. Le régent, en un mot, tant que durent ses fonctions, et aux honneurs près, le régent est roi.

La régence définie, et nous croyons cette définition, sinon à l'abri de toute attaque, du moins à l'épreuve de toute objection, voyons à qui elle doit appartenir. Et d'abord doit-elle être héréditaire, c'est-à-dire invariable, ou élective? Cette dernière expression est complexe.

Le régent peut être choisi par le roi lui-même pendant son règne ou désigné dans son testament. Tout semble concourir pour que ce choix soit bon : l'affection que le roi porte à son fils, l'intérêt qu'il prend à l'État, l'expérience acquise dans les difficiles fonctions de la royauté ; enfin, la connaissance particulière qu'il doit avoir du caractère et des lumières des divers membres de sa famille.

Il nous paraît néanmoins que cette faculté ne doit point être laissée au roi ; l'esprit et la lettre même de nos institutions s'y opposent : et puis, son choix serait-il libre? ne lui serait-il pas le plus souvent suggéré par la ruse ou arraché par des obsessions persévérantes? et ces moyens exerceraient surtout une active et irrésistible influence dans les derniers moments d'une vie défaillante, où l'affaiblissement et souvent la perte totale de l'intelligence précèdent la mort.

La nomination du régent peut être déférée aux représentants de la nation.

L'hérédité du trône, dit-on à l'appui de cette opinion, doit être seule en dehors de l'élection.

Il faut plus de talent à un régent qu'à un roi; le premier n'exerçant qu'une autorité temporaire,

et par conséquent moins respectée, l'élection lui apportera cette force qui lui manque.

A peine compte-t-on deux régences par siècle. Pourquoi s'ôter les moyens de les décerner de la façon la plus utile et la plus salutaire, au moment où l'on en peut avoir besoin?

Ces raisons sont graves; mais que de raisons et de considérations puissantes les combattent!

La régence, ainsi que nous l'avons dit, est une royauté provisoire. La royauté étant héréditaire, pourquoi faire la régence élective? Pourquoi jeter ainsi la diversité dans nos institutions? pourquoi, lorsqu'il s'agit des mêmes fonctions, mettre forcément, face à face, deux principes antipathiques? La prudence le défend aussi bien que la logique. « Un homme, disait Barnave, qui réunirait à toute la puissance de la régence la consécration de l'élection pourrait aspirer à tout. La régence ne serait qu'un passage à l'usurpation, et chaque minorité amènerait une révolution. »

C'est que l'hérédité du trône est établie dans l'intérêt de la liberté autant que pour la stabilité du gouvernement. Les ardents promoteurs de 89 le savaient bien et le disaient hautement, dans la sincérité de leurs convictions chaleureuses. Ce double intérêt de liberté et de stabilité attaché à l'hérédité

de la royauté, faut-il le répudier à l'égard de la régence qui n'est qu'une royauté temporaire?

Si la mort des rois doit être le signal et la cause
d'une dangereuse crise dans une monarchie élective,
si la considération de ce grave danger est la première et la plus puissante raison en faveur de l'institution de l'hérédité royale, ces chances de désordre
ne seraient-elles pas plus redoutables dans le cas de
minorité d'un roi, où ce roi enfant n'est qu'un
nom, ne représente qu'un droit, où les périls ne
pourraient être combattus que par l'autorité plus
faible, vous le dites vous-même, d'un suppléant de
la royauté?

Qu'importe qu'il n'y ait que deux régences par
siècle; faut-il s'exposer deux fois par siècle au jeu
sanglant des révolutions?

Il n'est pas raisonnable, dit-on, de faire des lois
politiques soixante ans à l'avance. Quel inconvénient
y aurait-il? l'hérédité royale a bien duré plusieurs
siècles; et veut-on, sur des points si fondamentaux,
s'agiter dans cette instabilité des lois, toujours si
funeste? Si la régence eût été de tout temps héréditaire comme la royauté, nous n'aurions pas la douleur de trouver dans nos annales tant de tristes pages
où l'horrible et le ridicule se trouvent si déplora-
blement accouplés.

Il faut plus de talent à un régent qu'à un roi, et

l'élection garantit le talent ! Il faudrait ajouter au talent la fermeté, l'intégrité du caractère, et nous dire à quelle époque et chez quel peuple la vertu modeste, le vrai mérite n'ont eu qu'à se montrer pour obtenir les suffrages des hommes.

L'élection fait fureur de nos jours ; c'est une vraie panacée politique, le topique le plus efficace contre toutes les plaies sociales. Nous apprécions dignement tous les bienfaits de l'élection, et nous sommes curieux de les mettre au grand jour.

Un des grands avantages de l'élection, chez un peuple quelque peu enclin à la vanité et à la présomption, c'est de caresser ces misérables faiblesses, de persuader à chacun qu'il a la capacité nécessaire pour remplir tout emploi qu'il désire : à tout individu dont la nullité paresseuse ne serait pas au niveau de la plus humble profession, qu'il est amplement pourvu des qualités requises pour gouverner l'État.

Un second avantage de l'élection, c'est de mettre en surexcitation de fort méprisables passions : la soif des honneurs, des rubans, des places et de l'or qui en est le plus solide résultat.

Un troisième avantage de l'élection, c'est de mettre en relief le vrai mérite, si bien que si un homme d'une loyauté rare, d'une capacité éprouvée, et de ce caractère qui dédaigne tout moyen de succès contraire à la délicatesse, se trouve en rivalité avec un homme d'une droiture équivoque, d'une probité plus que douteuse, d'un talent contesté, mais d'une adresse merveilleuse en intrigues, d'un esprit fécond en expédients, et qui n'en dédaigne aucun pour arriver à ses fins, toutes les chances sont pour l'intrigant adroit contre l'honnête homme.

Nous pourrions continuer, et elle serait encore longue, cette énumération des avantages de l'élection. Il en ressortirait, clair comme le jour, que la pratique de cette admirable institution doit faire à la longue d'un peuple aimable et sociable à l'excès, doué des instincts les plus généreux, d'une acuité de sens exquise, d'un goût parfait, enthousiaste de tout ce qui est noble et grand, un peuple de bavards sans esprit, de raisonneurs subtils, sec et froid, triste et pédant, épris de théories creuses, analyste laborieux de futilités, ayant renoncé à l'action qui était en lui si prompte, si brillante, si héroïque, pour l'usage immodéré de la parole, diffuse, criarde et sans idées.

Tels sont les résultats moraux de l'élection. Nous allons voir ses inconvénients pratiques, ses impossibilités dans la question qui nous occupe.

Nous défions les législateurs les plus ingénieux de nos jours de créer un mode d'élection possible pour la régence.

Prétendre déférer ce choix aux assemblées primaires, est une niaiserie d'utopiste ou une perfidie de jacobins blancs ou bleus. Les électeurs actuels, nous le disons sans hésiter, ne réunissent aucune des conditions de lumières suffisantes ou de prudence nécessaire pour un acte d'une si haute importance.

Il faut donc recourir aux chambres, et ici les combinaisons sont nombreuses, et toutes frappées d'impuissance ; examinons-en quelques-unes.

1° Le choix peut être fait par les deux chambres simultanément ou successivement.

Dans le premier cas, si le choix est différent, on aura deux régents au lieu d'un ; lequel l'emportera ?

Dans le deuxième cas, sera-ce la chambre des députés qui procédera la première à l'élection du régent. Mais c'est une atteinte grave portée à l'égalité des pouvoirs créés par la charte. On répondra, je le sais, que la chambre des députés est déjà investie d'un privilége à l'égard du vote et de la discussion du budget. Mais c'est là précisément un puissant motif pour ne lui en point conférer un nouveau. Sa place, assez grande dans l'État, touche presque à la suprématie ; voulez-vous l'y pousser ?

L'élection ne peut donc être successive ; et simultanée, elle amènera une lutte de pouvoirs avec des tiraillements funestes, et sans issue possible.

2º La chambre des députés présentera une liste de trois membres, sur laquelle la chambre des pairs choisira. Mais, dans cette combinaison, la chambre des pairs, qui semblerait avoir sa part d'influence, en réalité n'en aurait aucune; nul des trois candidats pourrait ne lui convenir, et la chambre des députés pourrait lui imposer le sien, en accolant à l'homme qu'elle voudrait pour régent, deux hommes incapables ou indignes de si hautes fonctions. Cette tactique n'est pas nouvelle.

Déférera-t-on le choix du régent à une commission composée de pairs et de députés? Mais si le nombre de pairs est égal à celui des députés, les voix peuvent se partager, et il n'y aura pas de décision possible. Si le nombre est inégal, l'un des deux pouvoirs prédominant, l'influence de l'autre sera annulée, et la constitution violée.

On peut essayer d'autres combinaisons, mais aucune n'échappera à cette double et inévitable nécessité : d'établir une lutte entre les deux chambres, en faisant leur part inégale; ou de violer la charte en accordant à l'une des deux une prédominance sur l'autre.

Le système électif, appliqué à la régence, est donc impossible dans la pratique comme il est repoussé par la raison.

Le système héréditaire, ou plutôt invariable, est le seul applicable comme le seul vrai.

Cette base établie, voyons quelle est, dans la famille royale, la personne que la loi doit investir de la régence.

Nous l'avons déjà dit, les usages de l'ancienne monarchie ne doivent ni ne peuvent nous servir de règles; les changements que notre organisation politique et sociale a subis, que ce soit un mal ou un bien, ont rompu la chaîne des temps, et, dans ce que nous créons aujourd'hui, nous sommes forcément conduits à prendre le contrepied de ce qui existait autrefois. De cela seul que la régence appartenait, sous notre ancienne constitution, à la mère du roi mineur, il s'ensuivrait qu'elle doit lui être déniée aujourd'hui. Ceci n'est point un paradoxe, et nos convictions sur ce point seront partagées par ceux qui voudront y réfléchir sérieusement.

Nous ne voudrions pas trop insister sur cette partie si délicate de la question qui nous occupe : nous ne sommes point armés de ces convictions intraitables qu'aucune considération n'arrête,

Sunt lacrymæ rerum et mentem mortalia tangunt.

Nous nous bornerons donc à quelques raisons, selon nous, incontestables; et d'abord, pour rester fidèles au principe d'assimilation de la régence à la royauté, et au principe d'unité dans la constitution, les femmes, ne pouvant être reines, ne pourront pas être régentes. Nous n'entrerons pas dans l'examen des motifs qui ont pu exclure les femmes du trône; toujours est-il que c'est là une loi fondamentale dans notre monarchie, à laquelle on n'a jamais dérogé, quoiqu'il se soit rencontré dans notre histoire plus d'une circonstance où cette dérogation eût été bien naturelle, et heureuse pour la nation.

Il est vrai que, nonobstant cette loi invariablement observée, les femmes ont été, sous l'ancienne monarchie, souvent investies de la régence. Ceci tient à d'autres raisons que nous avons déjà touchées en passant. La régence et la tutelle n'étaient alors qu'une seule et même chose, et celle-ci appartenant à la mère du roi mineur, l'autre lui était également dévolue. Aussi lui donnait-on un conseil de régence, à l'imitation du conseil de famille, pour surveiller l'administration des biens du pupille, et ces biens, c'était la couronne. Ajoutons que l'on ne se contentait pas de la surveillance, souvent fort importune, du conseil de régence; on y joignait quelquefois le contrôle plus gênant encore d'un subrogé tuteur, nommé lieutenant général du royaume.

De nos jours, toutes ces fictions peuvent-elles être admises? La régence, nous l'avons définie, est quelque chose de plus haut que la tutelle, qui ne peut plus exister, à l'égard du roi mineur, quant aux biens, puisqu'il n'en a pas d'autres que ceux de sa liste civile. Le conseil de famille ou conseil de régence est repoussé par les mêmes motifs. Quelles seraient ses fonctions ? De surveiller les actes du régent ? mais aucun de ces actes ne peut être exécuté, s'il n'est contre-signé par un ministre responsable. De surveiller les ministres eux-mêmes ? mais alors que deviendrait leur responsabilité ? Enfin, que serait de nos jours un lieutenant général du royaume, si ce n'est un personnage fort inutile, s'il n'était pas très-dangereux ?

Une autre raison grave pour exclure les femmes de la régence, c'est que les mères des rois mineurs seront toujours étrangères. Nous savons bien qu'en atteignant nos frontières, elles secoueront la poussière de leurs pieds, et qu'elles deviendront Françaises en touchant le sol français : et sans doute, tout le monde le dira, le pensera, tant qu'elles seront renfermées dans leur qualité de reine seulement, sans autorité, sans influence. Mais quand elles seront investies du pouvoir royal, en butte aux ressentiments implacables, aux rancunes cruelles, aux sarcasmes amers des partis, c'est alors que ce mot l'étrangère retentira comme une clameur immense ; ce mot aura un sens vague, mystérieux, qui expri-

mera symboliquement tous les vices, et fera sup-
poser tous les crimes ! L'étrangère ! nous exagérons,
dites-vous ? mais n'est-ce pas cette indigne qualifi-
cation qui conduisit à l'échafaud la plus illustre, la
plus aimable, la plus Française de toutes les reines ?

Et ceci nous suggère une nouvelle objection
contre la régence des femmes. Quel peut être, à leur
égard, le rôle de la presse ? Obéira-t-elle à ses habi-
tudes ? poursuivra-t-elle une femme de personna-
lités brutales, d'ignobles injures, de railleries amères ?
mais ce serait un scandale intolérable, et nulle
femme n'y pourrait résister ; et si les journaux ont
plus de modération, plus de retenue, conserveront-
ils toute la liberté qui leur est nécessaire, la liberté,
qui, pour eux, a tant de peine à se tenir entre la
licence et la servilité !

Il existe des fonctions moins brillantes, mais
d'une haute importance que personne ne refusera
à la mère du roi mineur, c'est la garde de sa personne, la surveillance de son éducation ; ces devoirs
pieux, elle seule peut les remplir. La tendresse ma-
ternelle les rendra chers et faciles, et ils sont assez
grands pour la contenter.

La régence, ne pouvant être exercée par la mère
du roi mineur, doit appartenir à un des princes de
la famille royale, et, selon nous, à celui qui se trouve
le plus proche parent du roi, par ordre de primo-

géniture. Plus voisin du trône, il doit s'être mieux préparé à remplir les fonctions royales ; plus près de la royauté, il s'appliquera davantage à la conserver forte et pure.

Ce tropgrand voisinag e du trône paraît à quelques personnes un danger. Mais c'est se plaire à faire du moyen âge, et cette crainte est chimérique. Regardez autour de vous, considérez l'état des mœurs, les progrès de la civilisation, la publicité qui pénètre partout et divulgue tout. L'ambition n'a plus, ne peut plus désormais avoir recours au crime, parce qu'elle a d'autres moyens, et parce que le crime serait certainement et promptement dévoilé. Ces drames sanglants, joués dans les sombres mystères des cours, ne sont que des rêves d'imaginations malades.

Quelques publicistes, des législateurs même, je crois, cédant à ces préoccupations puériles ont conféré la régence au parent le plus éloigné. Mais ce procédé n'est-il pas contraire à toutes les formes de transmission du pouvoir ? et quel sera, pendant la régence, le rôle du prince que vous aurez écarté. Cette exclusion qui blesse ses droits ainsi que la raison ne doit-elle pas le jeter dans des manœuvres et des intrigues continuelles pour ressaisir, ou tout au moins entraver un pouvoir dont il se croirait injustement dépouillé. Si le roi mineur ve ;

nait à mourir, ce serait lui qui arriverait au trône, et celui que tout à l'heure la loi ne voulait pas pour régent, elle l'imposerait pour roi. C'est dans ces étranges disparates que l'on tombe, lorsque dans l'établissement des lois on résiste aux naturelles impulsions du bon sens, pour se jeter dans les ingénieuses combinaisons de l'esprit.

C'est donc le plus proche parent du roi qui doit être investi de la régence. La politique le conseille, comme la nature, la raison le commandent. Le régent est un roi intérimaire, avons-nous dit, sa personne sera donc inviolable, après comme pendant l'exercice de ses fonctions (1).

Les autres questions relatives à la régence ne sont que d'une importance secondaire : nous ne ferons qu'y toucher en passant.

Dans l'ancienne monarchie les rois étaient majeurs à quatorze ans : c'était une loi fondamentale. Elle n'avait d'autre but que d'abréger la durée des régences, c'est-à-dire des crises, des orages politiques qui ne manquèrent jamais de les troubler. Ces considérations ont moins de valeur dans un État constitutionnel, où les luttes d'ambition doi-

---

(1) C'est ainsi que du principe fondamental de la loi, l'assimilation de la régence à la royauté, se déduisent les autres dispositions, et cela si naturellement, qu'il est presque superflu de les énoncer.

vent être moins agitées, plus rares, et contenues par l'autorité plus grande, plus respectée des lois.

La raison d'État écartée, nous rentrons dans la raison commune, qui ne peut admettre qu'un prince soit à quatorze ans en état de gouverner un peuple ; la majorité ancienne était une fiction légale, et notre siècle n'est guère celui des fictions.

Nous comptons bien qu'avec les préoccupations d'égalité qui nous possèdent, avec cette jalouse manie de réduire les princes au niveau de tout le monde, beaucoup de gens voudront élever la majorité jusqu'à vingt et un ans, et certes on ne se fera pas faute de tous les lieux communs, déclamatoires propres à étayer cette prétention. Mais ici la raison d'État revient et doit l'emporter ; et d'ailleurs les soins dont on aura entouré la jeunesse du roi mineur, les fortes et judicieuses études dont on l'aura nourri, l'intelligence des affaires auxquelles il sera initié de bonne heure, l'expérience qu'il y aura puisée, l'habitude de la représentation, produiront, à coup sûr, une précocité de trois années. Élever la majorité des rois à dix-huit ans, c'est donc mettre d'accord la raison et l'intérêt public, c'est prendre un tempérament propre à tout concilier.

Nous ne parlerons pas du cas d'absence ou de démence des rois. Une loi comme celle dont on va s'occuper doit être simple, précise, et se réduire à trois ou quatre articles. Ces circonstances, qu'on voudrait réglementer d'avance, ne se présenteront pas une fois en cinq ou six siècles, l'histoire l'a prouvé : et, en vérité, il y aurait plus que de la témérité à statuer sur un avenir si éloigné. A-t-on songé d'ailleurs aux détails nombreux, si délicats, si épineux, d'une procédure qui aurait pour but de constater la démence d'un roi? On s'égarerait dans toutes les précautions qu'on voudrait prendre, et le fait venant à se présenter, serait peut-être accompagné de circonstances qui déconcerteraient toutes les prévisions légales.

Nous nous hâtions vers notre conclusion, nous y arrivons.

La question que nous avons osé traiter est vaste, immense : histoire, politique, raison d'État, elle touche à tout. Pour la traiter convenablement sous tous ses rapports le temps nous manquait, et bien d'autres choses. De ce pêle-mêle d'idées qui sont entrées en lutte dans la presse, nous avons essayé de dégager quelques principes, simples, clairs, utiles : nous les résumerons en quelques mots.

Le pouvoir constituant est une abstraction vide de sens, réchauffée des vieilles théories de 93, terribles en leur temps, très-ridicules, et fort méprisées aujourd'hui.

Il existe dans l'État un pouvoir suprême et souverain, fondé sur les lois. Au-dessus de ce pouvoir, il n'y a que Dieu ; au-dessous, tout obéit.

Ce pouvoir souverain est investi du droit de faire une loi générale sur la régence, ou de conférer la régence purement et simplement.

La régence est l'exercice temporaire de la royauté.

Le système électif ne peut être appliqué à la régence, la théorie le repousse comme la pratique.

La régence doit être héréditaire, c'est-à-dire invariable.

Elle doit être déférée au parent le plus proche du roi mineur.

La garde du roi mineur appartient à sa mère.

Le roi est majeur à dix-huit ans.

Tels sont, nous le croyons, les éléments essentiels d'une loi sur la régence.

Nous avons omis les détails : cela nous eût mené trop loin, et nous ne prétendons point nous ériger en législateur. Nous avons également négligé beaucoup d'objections soulevées par l'esprit de parti, esprit étroit, subtil, tout empreint de chicane et de mauvaise foi. Ces objections sont futiles, et ne méritent ni examen ni réponse. Le champ des hypothèses est infini ; celui des probabilités est restreint, et la loi doit s'y conformer : *Jura constitui oportet in his, quæ ut plurimum accidunt, non quæ ex inopin*

Imprim. Schneider et Langrand, 1, ru d.. . urth.

* 9 7 8 2 0 1 1 7 6 0 8 9 0 *